Inhalt

Abschlussprüfung - EU-Kommission präsentiert Reformvorschläge

Kernthesen

Beitrag

Fallbeispiele

Weiterführende Literatur

Impressum

Abschlussprüfung - EU-Kommission präsentiert Reformvorschläge

Annett Kaindl

Kernthesen

- Ende 2011 legte die EU-Kommission ihre Vorschläge zur Reform der Abschlussprüfung vor.
- Die Marktmacht der dominierenden Prüfungsunternehmen soll aufgebrochen werden.
- Außerdem ist die Einführung einer Zwangsrotation der Prüfungsgesellschaften geplant.
- Gleichzeitige Beratungs- und Prüfungstätigkeiten in einem Unternehmen werden untersagt.

Beitrag

Gründe für eine Reform der Abschlussprüfung

Mit einer Reform der Prüfung von Unternehmensabschlüssen will die Europäische Kommission für neues Vertrauen sorgen. Obwohl die Abschlussprüfer-Richtlinie erst 2006 komplett neu gefasst wurde, soll diese als Reaktion auf die Finanzkrise umfassend reformiert werden. Ende 2011 wurde der überarbeitete Entwurf einer EU-Richtlinie für die Neuregulierung der Branche der Wirtschaftsprüfer von der Europäischen Kommission angenommen. Gegenüber dem ursprünglichen Entwurf sind die nun präsentierten Empfehlungen weniger dramatisch. Im Vergleich mit den derzeit gültigen Regelungen allerdings sind die geforderten Veränderungen bedeutend. (2), (3)

Abschlussprüfer haben den gesetzlichen Auftrag, ein Urteil darüber abzugeben, ob die Abschlüsse von Unternehmen ein den tatsächlichen Verhältnissen entsprechendes Bild vermitteln. Die Finanzkrise hat insbesondere bei Banken und anderen Finanzinstituten Schwächen bei der Abschlussprüfung ans Licht gebracht. Das Vertrauen der Anleger in die Tätigkeit der Abschlussprüfer ist durch die Finanzkrise erschüttert worden. (1)

Die von der EU-Kommission unterbreiteten Vorschläge sollen die Qualität der Abschlussprüfung verbessern, Interessenskonflikte beseitigen, die Unabhängigkeit der Prüfer garantierten und für mehr Vielfalt in einem zu stark konzentrierten Markt sorgen. Derzeit wird der Markt von vier großen Prüfungsgesellschaften beherrscht, nämlich Deloitte, Ernst & Young, KPMG und PricewaterhouseCoopers (PwC). Dieses Oligopol soll aufgebrochen werden, um damit mehr Wettbewerb in der Branche zu ermöglichen. (1)

Nachfolgend werden die wichtigsten Vorschläge der Kommission vorgestellt.

Obligatorische Rotation der Prüfungsgesellschaften

Die Prüfungsgesellschaften werden (mit einigen Ausnahmen) nach einer Beschäftigungszeit von maximal sechs Jahren rotieren müssen. Dieser Zeitrahmen lässt sich auf neun Jahre ausdehnen, wenn eine Prüfungsgesellschaft zusammen mit einer anderen Gesellschaft einen Mandanten prüft (Gemeinschaftsprüfungen, oder auch Joint Audit). (1)

Dadurch sollen kleinere Konkurrenten der "Big Four" stärker ins Spiel gebracht und mehr Wettbewerb erreicht werden. Die ursprünglich geplante Zwangsverpflichtung zum Joint Audit, bei dem die "Big Four" mit einem kleineren Konkurrenten zusammen hätten prüfen müssen, ließ die Kommission fallen. Nach einer Karenzzeit von vier Jahren dürfen Prüfer wieder für denselben Mandanten tätig werden. Die obligatorische Rotation soll verhindern, dass ein Prüfer betriebsblind wird. Zusätzlich wird die Unabhängigkeit des Prüfers erhöht, weil dieser zumindest in seinen letzten Jahren keine Rücksicht mehr auf eine ausstehende Vertragsverlängerung nehmen muss. [(1)](), [(2)](), [(4)]()

Verbot prüfungsfremder Leistungen

Prüfungsgesellschaften dürfen für ihre Mandanten keine prüfungsfremden Leistungen mehr erbringen.

Die Beratung von Prüfungsmandanten soll künftig nahezu vollständig verboten werden. Die Prüfer dürfen auch keine Steuerberatung mehr leisten, eine Maßnahme, die deutlich über das in Deutschland bereits vorgeschriebene Selbstprüfungsverbot hinausgeht. Dieses Verbot gibt vor, dass Prüfungsgesellschaften nicht in den Bereichen beraten dürfen, die später vom selben Haus geprüft werden. Zudem müssen bestimmte große Prüfungsgesellschaften künftig ihre Prüfungstätigkeit von der Beratung trennen, unabhängig davon, ob sie den Mandanten prüfen oder nicht. Diese Vorgabe soll verhindern, dass die Prüfer von ihren Kunden wirtschaftlich abhängig werden, und es deshalb an der gebotenen Sorgfalt mangeln lassen. (1)

Ursprünglich war ein umfassendes Beratungsverbot geplant; dieses sollte nicht nur für Prüfungsmandate, sondern auch für Nicht-Prüfungsmandate gelten. Ein solch generelles Verbot hätte einige Wirtschaftsprüfungsunternehmen ins Mark getroffen, da ihnen damit bis zu 50 Prozent ihrer Einnahmen weggebrochen wären. (2)

Deutlich erweiterte Vorgaben für den Prüfungsausschuss

Aktiengesetz und Corporate Governance Kodex legen die Einrichtung eines Prüfungsausschusses im Aufsichtsrat nahe, schreiben diesen aber nicht vor. Wenn Konzerne allerdings auf den Prüfungsausschuss verzichten, ist das ein Alarmsignal. Der Prüfungsausschuss soll sich permanent mit der Arbeit der Wirtschaftsprüfer beschäftigen und deren erster Ansprechpartner sein.

Die Reformvorschläge der EU-Kommission sehen vor, dass die Mehrheit der Mitglieder und der Vorsitzende des Prüfungsausschusses unabhängig sein müssen. Mindestens ein Mitglied muss über Sachverstand im Bereich der Abschlussprüfung sowie ein (weiteres) Mitglied über Sachverstand im Bereich der Rechnungslegung und/oder Abschlussprüfung verfügen. Die Bestellung des Abschlussprüfers soll auf der Grundlage einer begründeten Empfehlung des Prüfungsausschusses erfolgen. Diese Empfehlung muss mindestens zwei Vorschläge enthalten. (3), (6)

Der größte "Konstruktionsfehler" der Wirtschaftsprüferbranche besteht darin, dass die Prüfer von denjenigen bezahlt werden, die sie beurteilen sollen. Weil Wirtschaftsprüfer ihr Geld von den Unternehmen bekommen, gibt es einen natürlichen Anreiz, diese Geschäftsbeziehung möglichst wenig zu belasten. Um ein sauberes Anreizsystem zu schaffen, müsste die Bezahlung der Adressatenkreis, an den sich der Bestätigungsvermerk der Wirtschaftsprüfer richtet, übernehmen. Das sind unter anderem Steuerbehörden, Geschäftspartner, Investoren. Die Bezahlung auf diese ganzen Gruppen umzulegen, ist praktisch nicht möglich. Deshalb ist die Stärkung des Prüfungsausschusses durch die Reformvorschläge der EU-Kommission ein wichtiger Meilenstein, den "Konstruktionsfehler" zu verkleinern beziehungsweise zu beheben. (6)

Obligatorische Ausschreibung

Unternehmen von öffentlichem Interesse sollen bei der Auswahl eines neuen Abschlussprüfers zu einem offenen und transparenten Ausschreibungsverfahren verpflichtet werden. (3)

Europäische Koordination der Aufsicht

Mit Blick auf die globale Dimension der Abschlussprüfung ist zudem eine europäische Koordination der Aufsicht bei der Europäischen Wertpapier- und Marktaufsichtsbehörde mit einer zugleich gestärkten Rolle der nationalen Aufsichtsbehörden geplant. (3)

Schaffung eines Binnenmarktes für Abschlussprüfungen

Zukünftig soll die Ausübung des Berufs des Abschlussprüfers in ganz Europa möglich sein. Die Kommission plant die Schaffung eines Binnenmarkts für Abschlussprüfungen. Zu diesem Zweck soll ein Europäischer Pass für Abschlussprüfer und Prüfungsgesellschaften eingeführt und die Zulassung von Abschlussprüfern aus anderen Mitgliedsstaaten modifiziert werden. (3)

Kritik an den unterbreiteten Vorschlägen

Ob das Beratungsverbot für Prüfungsmandate die Unabhängigkeit der Prüfer und die Qualität der Prüfungen wirklich stärkt, ist in Frage zu stellen. Bereits jetzt kann es sich kein Prüfer erlauben, eine falsche Bilanzierung durchgehen zu lassen, nur weil er ein Beratungsmandat hat. Die Rechnungslegungsstandards müssen eingehalten werden. Leichtfertige oder gar bewusste Abweichungen davon würden den Prüfungsgesellschaften schon heute das Genick brechen.

Bereits jetzt gibt es eine obligatorische Rotation des leitenden Partners innerhalb der Wirtschaftsprüfungsgesellschaft. Die potenziell noch größere Unabhängigkeit durch eine Rotation der Prüfungsgesellschaften sollte gegenüber folgenden Nachteilen abgewogen werden: Es entstehen zusätzliche Kosten durch Neuausschreibungen und neue Einarbeitungszeiten. Gemäß Branchenuntersuchungen werden die meisten Fehler vor allem in den ersten zwei Jahren nach der Übernahme eines Mandates übersehen. (2)

Trends

Die jetzt von der EU-Kommission unterbreiteten Vorschläge zur Reform der Abschlussprüfung müssen noch vom EU-Parlament und von den Mitgliedsstaaten angenommen werden. Das bedeutet, dass es noch zu Änderungen an den Vorschlägen kommen kann. (2)

Fallbeispiele

Zu den ursprünglich von der EU-Kommission unterbreiteten Vorschlägen gingen 688 Stellungnahmen ein. Aus diesen lässt sich ablesen, dass nahezu alle Prüfungsgesellschaften zu starke staatliche Eingriffe fürchten. Mittelständische Prüfungsunternehmen hoffen aber auf verbesserte Marktchancen durch ein Aufbrechen der Dominanz der großen vier Prüfungsunternehmen. Viele Mittelständler halten die Einführung eines verpflichtenden Joint Audits für wichtig. (1)

Eine Studie des Beratungshauses Expert Corporate

Governance Service ermittelte, dass die vier großen Wirtschaftsprüfungsgesellschaften die größten Aufträge in Europa fast ausschließlich unter sich aufteilen. PricewaterhouseCoopers, KPMG, Ernst & Young und Deloitte haben 93 Prozent der 450 größten Aktiengesellschaften Europas geprüft. Die Untersuchung ergab außerdem, dass nur 19 Prozent der Einnahmen nicht aus Prüfungsgebühren stammten. Dies ist weniger, als die Brüsseler Pläne zur Trennung von Prüfung und Beratung vermuten lassen. (5)

Bei PwC steuert die Beratung rund 50 Prozent zum Gesamtumsatz bei, wobei davon rund 20 Prozent von Prüfkunden kommen und 80 Prozent von Unternehmen, deren Jahresabschlüsse von anderen Wirtschaftsprüfungsgesellschaften testiert werden. (2)

Ein Exempel für die Schwächen in der Wirtschaftsprüferbranche war die Bilanzpanne bei der Hypo Real Estate, wo den Prüfern von PwC ein Buchungsfehler über 55,5 Milliarden Euro nicht aufgefallen war. Daraufhin musste sogar die deutsche Verschuldungsquote offiziell geändert werden. (1)

Weiterführende Literatur

(1) Brüssel verschont die Prüfer

aus Financial Times Deutschland vom 06.12.2011, Seite 1

(2) Mehr Auflagen für Bilanzprüfer statt echter Verbesserungen
aus Neue Zürcher Zeitung 01.12.2011, Nr. 281, S. 23

(3) BB-Gesetzgebungs- und Rechtsprechungsreport zum Europäischen Unternehmensrecht 2010/2011
aus Betriebs Berater Heft 1/2012 Seite 3

(4) Kontrolle ist besser Die EU-Kommission segnet ein revolutionäres Regelwerk für Wirtschaftsprüfer ab. Jetzt muss noch das Parlament zustimmen
aus Financial Times Deutschland vom 01.12.2011, Seite 5

(5) Prüfer hierzulande am teuersten
aus Frankfurter Allgemeine Zeitung, 13.10.2011, Nr. 238, S. 17

(6) Prüfer zerschlagen ist zu plump Die EU hat recht: Wirtschaftsprüfer müssen besser kontrolliert werden. Ihr Vorschlag geht aber zu weit
aus Financial Times Deutschland vom 04.10.2011, Seite 25

Impressum

Abschlussprüfung - EU-Kommission präsentiert Reformvorschläge

Bibliografische Information der deutschen Nationalbibliothek

Die Deutsche Nationalbibliothek verzeichnet diese Publikation in der deutschen Nationalbibliografie; detaillierte bibliografische Daten sind im Internet über http://dnb.d-nb.de abrufbar.

ISBN: 978-3-7379-1410-9

© 2015 GBI-Genios Deutsche Wirtschaftsdatenbank GmbH, Freischützstraße 96, 81927 München, www.genios.de

Alle Rechte vorbehalten. Dieses Werk ist einschließlich aller seiner Teile – z.B. Texte, Tabellen und Grafiken - urheberrechtlich geschützt. Jede Verwertung außerhalb der Grenzen des Urheberrechtsgesetzes bedarf der vorherigen Zustimmung des Verlags. Dies gilt insbesondere auch für auszugsweise Nachdrucke, fotomechanische

Vervielfältigungen (Fotokopie/Mikroskopie), Übersetzungen, Auswertungen durch Datenbanken oder ähnliche Einrichtungen und die Einspeicherung und Verarbeitung in elektronischen Systemen.